MÉMOIRES

SUR

L'ORGANISATION DE L'IRIS

ET L'OPÉRATION

DE LA PUPILLE ARTIFICIELLE.

MÉMOIRES

SUR

L'ORGANISATION DE L'IRIS

ET L'OPÉRATION

DE LA PUPILLE ARTIFICIELLE.

PAR

J. P. MAUNOIR,

Docteur en Chirurgie, Professeur en Anatomie de l'Académie Impér. de Genève, membre des Sociétés de Médecine de Paris et de plusieurs autres Sociétés savantes nationales et étrangères.

A PARIS,

Chez J. J. PASCHOUD, Libraire, rue Mazarine n°. 22.

et à GENÈVE, même Maison de commerce.

1812.

MÉMOIRES

SUR

L'ORGANISATION DE L'IRIS ET L'OPÉRATION DE LA PUPILLE ARTIFICIELLE.

PREMIER MÉMOIRE.

La cause du mouvement alternatif de resserrement et de dilatation, qui est propre à la pupille, est encore un problême pour les physiologistes.

Porterfield croyoit qu'arrivée au ligament ciliaire la choroïde se dédoublant, envoie en arrière des fibres musculaires au crystallin, et en avant un autre plan double de fibres de même nature, dont la lame postérieure s'étend en forme de rayons sur la face postérieure de l'iris, et la lame antérieure formée de fibres circulaires compose la face antérieure de ce voile. Il admettoit ainsi dans l'iris deux muscles de même grandeur occupant toute son étendue et appliqués l'un sur l'autre. Il ajoutoit cependant:

“ Tous les anatomistes pensent que l'iris est pourvu de fibres circulaires, quoique je n'imagine pas qu'on puisse les démontrer autrement que par la raison et l'analogie. »

Telle étoit aussi l'opinion de Ruisch, Morgagni, Whytt, Hunter, etc. Tous avoient vu des fibres rayonnantes, mais personne n'avoit démontré les orbiculaires.

Voici les paroles de Zinn:

« *Nunquam, autem, neque in oculis humanis neque in oculis bubulis vidi fibras orbiculares, sive anteriorem sive posteriorem faciem iridis examinaverim, quales Ruischius delineavit et descripsit, etsi ille dubius de illis loquatur, fassus illas fibras orbiculares non tam luculenter conspici posse, quin oculi mentis in auxilium sint vocandi; et alibi moneat, se tantum circulum minorem præditum esse existimare fibris orbicularibus.* „

Après cette déclaration, Zinn avoue cependant qu'il est tenté d'admettre par analogie cet ordre double de fibres musculaires pour expliquer les mouvemens de l'iris.

Duverney n'admet pas les fibres circulaires, il dit simplement qu'il faut croire que la nature peut avoir, pour exécuter des mouvemens particuliers, des moyens dont nous n'avons encore aucune idée.

Haller avoit tranché la question en disant: « *Verum non oportet fabricas excogitare quas sensus non confirmant; circulus in uveâ constrictor nullus est, sed ne aperientes quidem fibræ manifestæ, neque in fele, cui accuratissime pupilla constringitur, de sphinctere cogitari potest.* »

Et cependant en disant: *fabricas non oportet excogitare*, sa brillante imagination avoit enfanté un systême ingénieux; il avoit considéré chaque fibre rayonnante comme un corps caverneux, qui par l'abord d'une plus grande quantité de fluide, entroit dans une espèce d'érection, et diminuoit, en s'allongeant, l'ouverture de la pupille.

Blumembach avoit cru tout expliquer, en disant qu'il n'existe point de fibres charnues dans le tissu de l'iris, mais que ses mouvemens dépendent d'une force ou d'une action *sui generis*. Donner une telle solution, c'est avouer que le problême n'est susceptible d'en recevoir aucune.

Desirant sortir du doute où ces diverses opinions m'avoient jeté, et espérant, par des recherches microscopiques multipliées, découvrir quelque chose de nouveau dans l'iris, j'en fis macérer quelques-uns pris sur des yeux humains ; au bout de quelques jours, je les agitai dans l'eau pour les débarrasser de leur vernis (1), et les rendre transparens.

Je plaçai une de ces membranes sous une forte lentille, et je découvris facilement ses fibres rayonnantes. Elles me parurent être autant de petits cylindres creux, n'ayant pas de communication entr'eux, serpentant quelquefois parallélement, quelquefois chevauchant les uns sur les autres et composant en entier l'anneau ciliaire (2) ; ce fut en vain que j'augmentai la force de mes objectifs, je ne pus suivre ces fibres rayonnantes au-delà de la petite circonférence de l'anneau ciliaire, je les vis, au contraire, s'y terminer toutes abruptement,

---

(1) Ce vernis est ce qu'on appelle *nigrum pigmentum.*

(2) Presque tous les iris sont divisés par une trace ou cercle souvent de couleur différente du reste de l'iris qui fait deux portions distinctes de cette membrane, et indique la séparation des deux muscles, l'une comprise entre cette trace et le ligament ciliaire, forme l'anneau ciliaire, l'autre comprise entre cette trace et la pupille forme l'anneau pupillaire.

sans pénétrer dans l'anneau pupillaire ; quant aux fibres de celui-ci, je ne pus jamais apercevoir quelle direction ou quelle forme ils affectoient. C'étoit une espèce de tissu tellement fin et tellement serré, que la loupe la plus forte ne pouvoit rien dévoiler de sa structure. Au moins voyoit-on que cette structure n'étoit pas la même que celle de l'anneau ciliaire.

J'espérai que l'iris du bœuf m'apprendroit quelque chose de plus : dans cet animal, cette membrane est fort épaisse et d'un tissu serré ; la pupille elliptique, forme dans son plus grand resserrement, une ligne transversale ; la surface antérieure ou visible de cet iris est d'un brun grisâtre, qui est plus foncé dans l'anneau pupillaire ; sa face postérieure ou l'uvée, est tapissée d'un vernis du plus beau noir ; l'anneau ciliaire présente dans cette face des stries ou plis rayonnans, qui rappellent les fleurs radiées ; l'anneau pupillaire n'offre rien de semblable, il est parfaitement lisse. (Voy. Cuvier, *Anatomie comparée*).

Ayant enlevé le vernis d'un de ces iris pris dans un œil frais et ayant lavé cette membrane, je la plaçai sous le microscope ; son épaisseur lui ôtoit toute transparence, on ne pouvoit rien découvrir de sa structure ; j'en déchirai plusieurs lames très-minces, dans lesquelles je crus apercevoir des fibres disposées en stries parallèles et rayonnantes ; mais ce que je voyois n'étoit pas net, et me laissoit beaucoup à desirer. Ces fragmens appartenoient à l'anneau ciliaire, ceux que je pris dans l'anneau pupillaire, m'offrirent la même densité, la même finesse, en un mot, une structure aussi obscure que celle de l'iris de l'homme. Je commençois à désespérer de résoudre ce beau problême.

Cependant je mis macérer dans de l'eau plusieurs yeux de bœufs. Au bout d'un mois, ils avoient contracté une odeur très-désagréable de chair putréfiée ; néanmoins à l'exception de la rétine, qui étoit dissoute, les différentes parties de l'œil avoient conservé leur apparence ordinaire. J'agitai long-temps dans l'eau un iris, pour le débarrasser des mucosités qui l'entouroient, et le décolorer le plus possible. Il acquit ainsi, quoique conservant toute son épaisseur, plus de transparence que n'en avoient les fragmens pris des yeux frais. J'en plaçai un segment sous le microscope, et voici ce que j'observai : la portion appartenant à l'anneau ciliaire conservoit encore dans sa face postérieure (celle qui regarde le crystallin) sa disposition striée et plissée ; mais dans plusieurs points les stries étoient effacées, et on voyoit de la manière la plus distincte, l'arrangement des fibres rayonnantes, dont j'appellerai désormais l'assemblage, *muscle rayonnant* ou *dilatateur de la pupille* (voyez *Fig.* 1. a.).

Ces fibres étoient disposées en faisceaux parallèles, elles commençoient à la circonférence ciliaire et se terminoient presque toutes nettement à la grande circonférence de l'anneau pupillaire, quelques-unes cependant paroissoient y pénétrer.

Ici commençoit un autre ordre de fibres, sur lesquelles celles que je viens de décrire, tomboient perpendiculairement, celles-ci suivoient la direction circulaire, ou plutôt elliptique, de l'anneau pupillaire, et existoient dans toute son étendue, c'est-à-dire, depuis la terminaison des fibres rayonnantes, jusqu'au bord libre de la pupille. Ces fibres formant des faisceaux concentriques doivent porter le nom de muscle *orbiculaire*, ou *sphincter* de l'iris. (Voy. *fig.* 1. b.).

Si l'iris est formé de deux muscles concentriques, un externe à fibres rayonnantes, un interne à fibres circulaires, on pourra déterminer *a priori* les résultats des diverses incisions qu'on peut faire à cette membrane.

Une incision parallèle aux fibres de l'un ou l'autre muscle se refermera spontanément; une incision oblique laissera une ouverture à l'iris, ouverture dont la grandeur sera proportionnée au nombre de fibres coupées en travers.

Une incision perpendiculaire aux fibres de l'un ou l'autre muscle restera ouverte dans toute sa longueur, une incision semblable faite dans le muscle dilatateur aura une forme relative au lieu où elle aura été faite; si elle a lieu sur le milieu des fibres de ce muscle, leur contraction sera uniforme, les deux lèvres de l'incision s'écarteront également, et la pupille obtenue aura la figure d'une navette de tisserand, on aura une pupille de chat (voy. *Fig.* 2. a); si l'incision est faite près de l'extrémité des fibres du muscle dilatateur, la contraction ne sera pas uniforme dans les deux bords, chaque côté se contractera de toute l'étendue de contraction qui appartiendra à la longueur des fibres de ce côté; la contraction sera presque nulle du côté des fibres très-courtes, elle sera considérable du côté des fibres longues; on aura alors une pupille de la forme de l'aire comprise entre un arc et sa corde.

Cette incision faite près du ligament ciliaire donnera une pupille dont la lèvre externe ou ciliaire sera droite ou à-peu-près, et la lèvre pupillaire ou interne, demi-circulaire. (Voyez *Fig*. 2. b).

Faite près du muscle sphincter, cette incision au contraire aura son bord interne presque droit et l'externe courbe. (Voy. *Fig*. 2. c). On conçoit aussi que s'il étoit possible d'enlever du muscle rayonnant un lambeau elliptique dont le grand diamètre fût perpendiculaire à ses fibres, on auroit une pupille sphérique. Il paroît que c'est cette dernière espèce d'opération que Demours a faite et par laquelle il a rendu la vue à Mr. Sauvage.

D'après ces données générales on peut facilement concevoir quelle figure affectera toute espèce d'incision faite dans un point quelconque de l'iris.

Cemoreau, agriculteur de Tanay, près Coppet, à deux lieues de Genève, âgé de 58 ans; d'une assez bonne constitution et d'un caractère tranquille, étoit aveugle depuis deux ans; l'œil gauche étoit perdu depuis son enfance et n'offroit qu'un turbercule membraneux, le droit étoit atteint d'une cataracte qui présentoit tous les symptômes favorables au succès de l'opération; je la pratiquai par extraction avec le bistouri de Venzel, le premier novembre 1801. Cette opération ne présenta rien d'extraordinaire, elle fut prompte, facile et laissa une pupille ronde et bien noire. Cemoreau voyoit et avoit l'œil libre au quatrième jour, lorsque du feu allumé imprudemment dans sa chambre la remplit de fumée. Dès cet instant son œil est frappé douloureusement, s'enflamme et présente bientôt tous les caractères du *chemosis* le plus fâcheux.

De tous les remèdes que je mis en usage pour arrêter cette inflammation formidable, un vésicatoire appliqué sur toute la région occipitale rasée me parut avoir produit le plus d'effet. Elle cessa enfin ; mais le résultat de cette inflammation, qui dura trois semaines, fut une cataracte secondaire, une diminution dans l'ouverture de la pupille et son immobilité au passage subit des ténèbres à la lumière, *et vice versâ*.

Cependant ce malade conservoit la faculté de distinguer la nuit du jour.

Je le renvoyai chez lui à la campagne, l'invitant à ne pas perdre confiance, et à revenir dans quelque temps pour être opéré de cette nouvelle cataracte. Sur la fin de mars 1802, il étoit de retour à Genève ; alors la pupille étoit à-peu-près oblitérée, je dis à-peu-près, parce qu'on voyoit au centre de l'iris un petit point blanc qui peut-être appartenoit à la capsule crystalline opaque. D'ailleurs l'œil étoit dans un état de santé parfaite et bien favorable à mon projet. Je ne balançai pas à lui faire une ouverture à la partie supérieure de l'iris, au-dessus du lieu où je devois supposer qu'existoit la cataracte secondaire. Pour cet effet Cemoreau fut placé dans son lit vers une fenêtre de manière à recevoir obliquement la lumière. Les paupières tenues ouvertes au moyen de deux doigts, j'incisai avec un bistouri à cataracte, le bord externe de la cornée transparente, dans sa partie supérieure; cette incision étoit exactement le commencement de celle que j'aurois faite pour extraire une cataracte, et avoit trois lignes de long. Il s'écoula peu d'humeur aqueuse; j'introduisis dans cette ouverture des ciseaux particuliers, dont je donnerai la description, et je coupai l'iris transversalement entre son tiers supérieur et ses deux tiers inférieurs, laissant intact l'anneau pupillaire, et divisant perpendiculairement les fibres de l'anneau ciliaire très-près de leur union avec les fibres de celui-là. Il y eut dans le moment de l'incision un léger pli de l'iris qui produisit un petit lambeau à l'extrémité nasale de la nouvelle pupille, lequel dans la suite s'est entiérement effacé. Cette pupille pressée contre la cornée, en conséquence de l'évacuation de l'humeur aqueuse, eut dans le premier instant une forme irrégulière, mais le malade distingua facilement les aiguilles de ma montre et ne se plaignit d'aucune douleur. Une bandelette de taffetas gommé appliqué sur les paupières fermées, pour en gêner les mouvemens, fut le seul pansement; au troisième jour cet œil étoit libre; au cinquième Cemoreau étoit levé; au huitième de l'opération je l'ai mené chez notre Préfet, Mr. d'Eymar, où Volta avoit rassemblé les membres de la Société de Physique et d'Histoire naturelle; là, à la lumière des bougies il a distingué de très-petites aiguilles à secondes, et a été examiné par plus de vingt personnes; son œil est entiérement exempt non-seulement d'inflammation, mais même de cette rougeur, qui est presque toujours la suite de l'opération de la cataracte. La pupille a une figure régulière, elle présente un trou transversal parfaitement noir, de deux lignes de longueur, d'une de hauteur dans son milieu, dont le bord inférieur est droit et le supérieur demi-circulaire. (Voyez *Fig.* 6.)

SECOND MÉMOIRE.

LA plupart des actions qu'on observe dans les différentes classes d'animaux, ainsi qu'un très-grand nombre de celles que nos sens ne peuvent apercevoir, sont dues au mouvement musculaire, dont le principe se trouve appliqué dans le règne animal d'une manière extrêmement variée, et dont très-souvent on ne peut pas rendre raison. Puis qu'Everard Home a découvert et démontré la muscularité des hydatides, puisqu'il a décrit le muscle de la membrane du tympan dans la plupart des animaux; puisque nous-mêmes nous avons vu les fibres musculaires du tænia hydatigena du foye de la souris, puisqu'on peut nombrer et décrire, ainsi que l'a fait Lyonnet, tous les muscles d'une chenille, puisqu'en un mot les muscles se suivent facilement dans tous les insectes assez gros pour être susceptibles de dissection, par quel motif pourrions-nous refuser d'en admettre dans les antennes pennées des moucherons éphémères? La plus stricte analogie ne nous force-t-elle pas d'en reconnoître comme moyen de mouvement dans tous les animalcules des infusions? C'est une puissance tellement répandue dans tout le règne animal, que nous sommes en quelque manière, en droit de dire, que partout où il y a mouvement, dépendant de la vitalité, là aussi il y a des muscles.

La fibre musculaire n'est point essentiellement rouge; sa couleur varie dans les différentes classes d'animaux, et même dans les différentes parties du même animal. Le caractère du muscle est d'être composé de fibres parallèles, ou rayonnantes, susceptibles de raccourcissement et d'allongement dans le sens de leur axe; toutes les fois donc que cette disposition fibreuse se trouvera réunie à des mouvemens analogues à cette structure, on sera obligé d'admettre là un organe musculaire.

Dans un premier travail sur la muscularité de l'iris, fait il y a dix-huit mois, après avoir passé en revue les diverses opinions des physiologistes sur la cause des mouvemens de cette membrane, je faisois l'histoire de mes recherches sur l'iris de différens animaux; et je décrivois deux muscles, l'un circulaire, l'autre radié, trouvés dans l'iris du bœuf; je déduisois ensuite de cette structure, des conséquences sur la manière de faire une pupille artificielle, et sur la possibilité de déterminer *a priori* la forme qu'affecteroient toutes les incisions possibles faites à l'iris. Ce Mémoire étoit terminé par l'histoire d'une pupille artificielle pratiquée avec succès sur un homme de soixante ans.

Mr. le Prof. Pictet m'a fait l'honneur de lire mon ouvrage à l'Institut, séance du 2 thermidor an 10.— Chargé par la Classe des sciences mathématiques et physiques, de lui rendre compte de ce Mémoire, Mr. Sabatier l'a fait dans le rapport suivant:

INSTITUT NATIONAL DES SCIENCES ET ARTS.

Extrait des registres de la Classe des Sciences physiques et mathématiques.

Séance du 2 thermidor, an 10 de la République Française.

Un membre lit le rapport suivant:

J'AI été chargé par la Classe de lui rendre compte d'un Mémoire sur l'organisation de l'iris et sur une pupille artificielle, qui lui a été lû, par le cit. Pictet, et dont le cit. Maunoir est auteur. Dans la première partie de ce Mémoire, le cit. Maunoir, après avoir rendu compte de ce que les anatomistes les plus distingués ont dit sur la structure de l'iris, expose le résultat des observations qu'il a faites à ce sujet. Les premières ont été infructueuses; cependant, il est parvenu, après une longue macération, à découvrir, au moyen du microscope, deux ordres de fibres dans l'iris du bœuf. De ces fibres, les unes occupent la grande circonférence de cette membrane ; les autres occupent la petite et entourent la pupille. D'après cette disposition, le cit. Maunoir détermine la forme que doit avoir uue pupille artificielle, suivant que l'ouverture se trouve au milieu de la largeur du cercle de l'iris, ou plus prés de la circonférence interne, ou externe.

La seconde partie du Mémoire du cit. Maunoir contient l'histoire d'une pupille artificielle, qu'il a pratiquée en incisant l'iris au milieu de sa largeur. La pupille s'étoit prequ'entiérement fermée à la suite d'une opération de cataracte, que des circonstances étrangères à cette opération avoient rendue infructueuse. Ce qui restoit de cette ouverture présentoit une tache blanche et opaque, que l'on pouvoit regarder comme une cataracte secondaire. Le malade conservoit la faculté de discerner le jour d'avec les ténèbres. Ces dispositions déterminèrent le cit. Maunoir à opérer. Aprés avoir incisé la cornée avec un bistouri à cataracte dans une étendue de trois lignes, il a introduit

des

des ciseaux d'une forme particuliere, qu'il se propose de décrire ailleurs, dans la chambre antérieure de l'œil et vis-à-vis la partie supérieure et moyenne de l'iris, et il a emporté de cette membrane un lambeau, dont il ne dit pas les dimensions. Il n'y eut aucun accident, et le malade mené au bout de huit jours chez le Préfet, qui réside à Genève, y fut vu par le cit. Volta et par vingt autres personnes, parfaitement guéri, et discernant l'aiguille à secondes d'une montre, à la lumière des bougies.

Ce succès ajoute peu de chose à ce que l'on savoit sur la possibilité d'établir une pupille artificielle, dans les cas où la pupille naturelle est totalement fermée. Néanmoins, comme les exemples en sont peu fréquens, je pense que le récit de l'opération, faite par le cit. Maunoir, mérite d'être conservé.

Quant à ses observations sur la structure anatomique de l'iris, elles sont tellement contraires à ce que l'on a dit de l'organisation de cette membrane, qu'il me semble que la Classe, avant de les adopter, doit attendre qu'elles soient confirmées par des observations semblables.

Fait à la Classe des sciences mathématiques et physiques de l'Institut National, le 2 thermidor an 10. (*Signé*) SABATIER.

La Classe approuve le rapport, et en adopte les conclusions.

Certifié conforme à l'original.

A Paris, le 5 thermidor an 10.

Je dois ici remercier l'illustre rapporteur, de n'avoir pas adopté ma théorie sur l'organisation de l'iris. Sa conclusion m'a engagé à faire de nouvelles recherches; et leur résultat a entiérement confirmé celui que j'avois cru devoir tirer des premières.

Je me permettrai de ramener l'attention du lecteur sur une phrase du rapport, qui me fait voir, ou que je me suis mal exprimé dans mon Mémoire, ou qu'il s'y est glissé à mon insçu quelque faute du copiste; phrase qui, si elle étoit fondée, rendroit insignifiante l'observation relative à Cemoreau, puisqu'elle n'offriroit rien de neuf, ni dans le procédé opératoire, ni dans les résultats de l'opération. Voici la phrase du rapport.

.... „et il a introduit des ciseaux d'une » forme particulière ... dans la chambre an» térieure de l'œil, et vis-à-vis la partie su» périeure et moyenne de l'iris, et il a *em» porté* de cette membrane un *lambeau*, dont » il ne dit pas les dimensions. „

Voici maintenant la phrase telle qu'elle

doit être, et telle qu'elle se trouve en effet dans l'original.

" J'introduisis dans cette ouverture des
» ciseaux particuliers . . . . et je coupai l'iris
» transversalement, entre son tiers supérieur
» et ses deux tiers inférieurs, laissant intact
» l'anneau pupillaire, et divisant perpendi-
» culairement les fibres de l'anneau ciliaire,
» très-près de leur union avec les fibres de
» celui-là : il y eut dans le moment de l'in-
» cision un léger pli de l'iris, qui produisit
» un petit lambeau à l'extrémité nasale de
» la nouvelle pupille, lambeau, qui dans la
» suite s'est entiérement effacé. „

Il me semble que rien dans cette phrase n'indique l'excision d'un lambeau de l'iris. J'y parle de la division des fibres du muscle radié dans une ligne perpendiculaire à ces fibres; j'y parle aussi d'un léger pli de l'iris vers l'extrémité de l'incision, qui fit que mes ciseaux coupèrent cette membrane doublée, au lieu de la couper simple; ce qui produisit une très-petite languette pointue, un petit lambeau, qui ne fut point emporté, puisque, pour cela, il auroit fallu, par une seconde incision, couper sa base; mais au quatrième jour, ce lambeau avoit disparu, en conséquence sans doute de la contraction de ses fibres. La régularité de la pupille de Cemoreau n'a donc été dérangée, que dans le moment de l'opération, et cette pupille a été formée en coupant les fibres de l'iris, et non en en emportant une partie. Je dois donc ajouter ici, ou répéter dans d'autres termes, que puisque la pupille de Cemoreau n'a été au moment de l'opération qu'une simple fente, ou plutôt un *y* couché, dont la queue seroit fort longue (⤚) laquelle fente a pris dans l'instant même la forme de l'aire comprise entre un arc et sa corde; on doit nécessairement en conclure, qu'il y a eu contraction des fibres de l'iris, et que le bord supérieur a subi une contraction plus étendue que l'inférieur, puisque celui-là a été courbe, et que celui-ci est resté presque droit. Maintenant, ne faut-il pas convenir, que nous avons eu ici précisément tous les phénomènes, qui devoient résulter de la muscularité de l'iris, telle que je l'ai décrite?

Voyons maintenant les nouvelles preuves que j'ai acquises de cette organisation.

Tous les animaux ne présentent pas dans l'iris deux anneaux distincts l'un de l'autre, tels qu'on les observe facilement dans l'homme et dans la plupart des quadrupèdes : on ne les trouve pas dans l'iris des oiseaux ni des poissons, ou au moins de ceux que j'ai observés. Au contraire, ils sont très-faciles à apercevoir, même à l'œil nu, dans les quadrupèdes domestiques, tels que le chien, le chat, le cheval, le bœuf, le veau, le mouton, etc.

L'iris de ces animaux présente des variétés dans la forme, dans la couleur, et même dans l'arrangement des fibres musculaires; mais tous ont ceci de commun, c'est que leur iris a deux anneaux; l'un externe toujours radié, et l'autre interne ou pupillaire, jamais radié, ordinairement formé *visiblement* de fibres concentriques circulaires, ou elliptiques, mais quelquefois d'une structure tellement serrée et subtile, qu'on ne peut assigner aucune direction particulière à ses fibres, ou plutôt qu'on ne peut les discerner, même à l'aide du microscope, et après de longues macérations.

C'est en vain que j'ai cherché ces deux cercles distincts dans les iris des oiseaux; toujours cette membrane m'a paru dans cette classe d'animaux, semblable à elle-même dans toute son étendue; nulle trace de muscle radié; quelques indices d'un muscle circulaire, mais qui occupoit l'iris tout entier; et cependant nous savons que c'est dans l'œil des oiseaux qu'il faut cher-

cher la structure la plus belle et la plus complète ; puisqu'ils ont un pouvoir d'ajustement, à des distances telles, que probablement nos télescopes y atteignent à peine; que d'ailleurs nous voyons chez eux un mouvement dans l'iris, qui n'appartient à aucun quadrupède, en ce qu'il ne paroît pas dépendre seulement de l'influence d'une lumière plus ou moins forte, mais de la volonté; de manière que dans la même minute, à la même lumière, on peut voir la pupille d'un oiseau très-grande et très-petite. Ce phénomène s'observe facilement chez le perroquet et les oiseaux de proie.

Je n'ai encore fait que fort peu d'expériences sur les poissons ; j'ignore quelle est la puissance de leur iris : Mr. Cuvier dit qu'il n'a que peu ou point de mouvement. Dans le petit nombre que j'ai observé, je n'ai pas trouvé les deux anneaux de l'iris (1); mais en enlevant son vernis avec un pinceau, j'ai vu que la portion de ce vernis, dont je ne pouvois le débarrasser, suivoit une direction circulaire sur toute la

(1) Le traducteur Anglais dit dans une note, qu'ayant examiné l'iris d'un veau marin, il y a trouvé les deux anneaux, et un arrangement de fibres rayonnantes et orbiculaires tel que je l'ai observé dans les quadrupèdes. (M)

surface de l'iris ; ce qui sembleroit indiquer un arrangement de fibres analogue à cette disposition, et dépendre de ce que le vernis, qui ne peut être enlevé, resteroit logé dans leurs intervalles.

Revenons à l'iris des quadrupèdes.

L'iris du cheval est circulaire, sa pupille irréguliérement elliptique est garnie dans sa circonférence de cinq ou six masses, ou festons, qni flottent dans l'humeur aqueuse, et qui réellement ne tiennent au bord de la pupille que par un pédicule très-mince ; la couleur de cet iris est le plus souvent d'un brun foncé, nuancé différemment dans les deux anneaux, et beaucoup plus foncé dans les festons. Après avoir fait long-temps macérer un iris de cheval, et avoir emporté tout son vernis avec le pinceau, on peut observer l'arrangement de ses fibres, avec la loupe et même à la rigueur à l'œil nu. On distingue aussi facilement que dans l'iris du bœuf le muscle radié, formé dans l'anneau ciliaire, et le muscle orbiculaire, formé dans l'anneau pupillaire : mais cet iris présente dans son organisation une circonstance très-curieuse, c'est que le muscle radié est garni de distance en distance de faisceaux de fibres beaucoup plus épaisses, plus nombreuses que celles qui composent son ensemble, quelques-uns de ces faisceaux viennent jusques sur le muscle orbiculaire, coupant ses fibres à angle droit, et continuent leur marche jusqu'au bord de la pupille ; (voy. *fig.* 3) d'autres viennent se perdre et se ramifier dans les festons dont nous avons parlé. Nous trouvons ainsi dans l'iris du cheval excès de fibres rayonnantes, et excès de ce vernis noir qui forme l'uvée ; car ces fibres exubérantes, qui forment le squelette des festons, sont enveloppées d'une grande quantité de vernis, et ne paroissent pas avoir d'autre parenchyme. Quel peut être l'usage de ces festons, et des faisceaux de fibres rayonnantes, qui viennent s'entrelacer avec le muscle sphincter? Sans doute ces faisceaux sont destinés à diminuer l'énergie de ses fibres circulaires, ou plutôt à augmenter et étendre sur le sphincter la puissance du muscle dilatateur? A les voir isolément, on croiroit que chaque feston est une glande particulière ou un réservoir du vernis noir de l'uvée ; mais quand on pense à la place qu'ils occupent au bord de la pupille, on ne peut s'empêcher de leur attribuer un autre usage ; peut-être celui d'absorber un grand nombre de rayons lumineux? On observe des festons semblables dans l'iris de la chèvre.

Mais pourquoi existe-t-il des différences remarquables dans la forme des pupilles d'animaux, qui d'ailleurs ont les plus grands rapports entr'eux, comme le chien et le renard ? Pourquoi dans le premier la pupille est-elle circulaire, tandis que dans le second, elle est comme celle du chat, elliptique, et ne se rapproche de la forme circulaire, que lorsqu'elle s'agrandit dans l'obscurité ? Pourquoi les oiseaux ont-ils tous la pupille circulaire, tandis que celle des quadrupèdes, et sur-tout celle des poissons présente tant de variétés de formes ? La solution de cette question pourra peut-être un peu se rattacher à l'explication des différentes manières de voir des différens animaux ? Mais ici je ne dois m'occuper que de la muscularité de l'iris.

Il est inutile de faire la description bien connue de ce bel iris jaune doré du chat, sur lequel on voit ramper deux vaisseaux assez gros, opposés l'un à l'autre, et dont les rameaux s'anastomosent d'une manière très-apparente ; il n'est personne qui n'aît pris plaisir à exposer un chat à la lumière du soleil pour voir son iris se développer, et sa pupille se réduire à une ligne noire. Cet iris, après la macération et l'abstersion de son vernis présente une membrane assez transparente, et une pupille circulaire, ou à très-peu de chose près. Les deux anneaux pupillaire et ciliaire sont très-évidens. Le ciliaire est comme ceux que nous avons vus, dans d'autres animaux, composé de fibres rayonnantes, qui toutes sont coupées à angle droit par les deux rameaux des deux gros vaisseaux dont j'ai parlé, et qui se voient encore très-bien après la macération (v. *fig.* 4). L'anneau pupillaire ne paroît composé de fibres circulaires concentriques que dans un espace très-petit vers le bord de la pupille (voy. c) ; la plus grande partie de son étendue du côté du muscle radié est formée de fibres courbes, qui ne parcourent qu'une petite partie du cercle, et qui vont, les unes d'un côté, les autres de l'autre ; de sorte qu'elles s'entrecroisent et forment un réseau (voy. b) : les guillocheurs travaillent souvent de cette manière. Le muscle radié n'a rien de remarquable, il ressemble à celui des autres quadrupèdes.

L'œil de l'ours est très-petit, comparé à la grandeur de cet animal ; il n'est pas plus grand que celui d'un chien de moyenne taille ; son iris d'un tissu très-épais est d'un brun extrêmement foncé. Une longue macération n'a pas pû le décolorer et lui donner assez de transparence pour que je pusse distinguer clairement l'arrangement des fibres de ses deux anneaux pupillaire et ciliaire.

J'ai examiné les iris de beaucoup d'autres animaux, mais mon temps ne m'a pas toujours permis de recueillir des notes de mes observations, ou d'en prendre des desseins, je dirai seulement que tout ce que j'ai vu sur les iris des quadrupèdes a rendu pour moi évidente l'existence de deux muscles dans cet organe.

Dans mes premières recherches sur l'iris des oiseaux, j'ai éprouvé un mécompte pénible. Dans cette classe d'animaux, la texture de cet organe étoit tantôt trop délicate pour pouvoir suivre et apercevoir l'ordre de ses fibres, tantôt, et c'étoit le plus souvent, on n'y voyoit qu'un ordre de fibres circulaires. Ne trouver qu'un muscle sphincter dans un iris dont les mouvemens sont plus rapides, plus étendus que chez les quadrupèdes et les poissons, c'étoit ce que je ne pouvois comprendre. Je commençois à croire, qu'au moins pour les oiseaux, Blumenbach, qui attribue le mouvement de l'iris à une action *sui generis*, pouvoit bien avoir raison. En un mot, l'iris des oiseaux offroit à ma théorie une exception trop importante pour ne pas craindre que mes observations n'eussent été mal faites, ou qu'elles n'eussent été qu'une illusion; les dernières anéantissoient le résultat des premières.

Derniérement un cigne de nos fossés fut tué par un renard; on en donna le corps à mon frère, et j'en examinai les yeux, qui ne sont pas dans cet oiseau aussi volumineux que je l'avois supposé par analogie. En les disséquant, j'enlevai la choroïde toute entière tenant encore à l'iris, et je fis macérer ces membranes. Je les examinai ensuite, et voici ce que j'observai: je copie une note faite dans le moment de l'observation.

Iris du signe observé le 7 juin 1803.

Dans l'iris du cigne, dont l'œil est fort petit comparativement à l'œil des autres oiseaux, on trouve un ordre de fibres orbiculaires concentriques, qui paroît occuper toute son étendue. Près du ligament ciliaire cette organisation est moins évidente, à cause de l'épaisseur et de l'opacité de l'iris dans cet endroit: mais sur le ligament ciliaire même, qui est fort transparent, se voient clairement des fibres rayonnantes, lesquelles viennent se perdre dans la partie obscure dont je viens de parler, et me paroissent être la continuation de fibres semblables dont est formée toute la partie de la choroïde qui tapisse intérieurement le cercle osseux ; de sorte que chez ces oiseaux une partie de la choroïde elle-même seroit employée à former le muscle dilatateur de la pupille, et le sphincter occuperoit la totalité de l'iris. Si cette manière d'être se rencontre dans les autres oiseaux, elle pourra servir à expliquer leur puissance de contraction et de dilatation de la pupille, qui paroît, dans cette classe d'animaux, dépendre non-seulement de l'action alternative de la lumière et des ténèbres, mais encore de la volonté.

Depuis que j'ai fait l'observation précédente dans l'œil du cigne, je me suis rappelé que j'avois dans de l'esprit-de-vin un iris de grand duc, uni à toute la choroïde; son examen m'a montré une disposition réciproque de ces deux membranes précisément semblable à celle que je viens de décrire, mais d'une manière tellement évidente, que l'arrangement des fibres rayonnantes de la choroïde, et des faisceaux qui se trouvent dans le ligament ciliaire et n'en sont que la continuation, se voit très-bien à l'œil nu (v. *fig.* 5).

La faculté d'augmenter ou de diminuer l'étendue de la pupille importe plus qu'on ne le croit communément à l'ajustement de l'œil aux différentes distances. Cette faculté n'est pas la principale, mais elle est le complément des autres ; il n'est donc pas étonnant que l'organisation de l'œil des oiseaux l'emporte encore à cet égard sur celle de l'œil des autres animaux. J'espère faire voir dans un autre Mémoire, les rapports que le reste de la choroïde, les procès ciliaires, le marsupium dans les oiseaux, toute la choroïde dans les autres animaux, ont avec l'ajustement de l'œil aux différentes distances; je terminerai celui-ci par l'histoire des pupilles artificielles que j'ai faites, et par la description du procédé que j'ai suivi dans mes opérations.

Dans toute opération de pupille artificielle, il se présente plusieurs indications à remplir; l'oubli d'une seule peut la faire manquer.

Et d'abord on fera ensorte que l'incision de la cornée, qui sert de porte à l'instrument destiné à diviser l'iris, ne se trouve pas vis-à-vis du lieu où doit se faire la pupille ; si on négligeoit cette règle, plus la cicatrice, qui est la conséquence nécessaire de l'incision de la cornée, seroit opaque, moins la pupille obtenue laisseroit passer de rayons lumineux. Il sera donc extrêmement important de déterminer bien exactement d'avance le lieu que cette incision doit occuper. Je pense qu'on peut donner comme règle générale, de la faire dans le lieu le plus favorable pour rendre l'incision de l'iris facile, en ayant soin cependant qu'elle soit toujours autant que faire se pourra, à environ deux millimètres de l'union de la cornée à la sclérotique, ainsi que cela se pratique dans l'opération de la cataracte, et en préférant le côté externe, parce que le maniement des ciseaux destinés à couper l'iris sera toujours plus facile du côté de la tempe, que de celui du nez, du front, ou de la joue.

La seconde indication à remplir, c'est dans le cas d'opacité partielle de la cornée, de faire l'incision de l'iris dans l'endroit qui correspond au milieu de la portion de cornée qui a conservé le plus de transparence, et de la faire avec assez d'adresse et de prudence pour qu'elle soit telle qu'elle a été déterminée d'avance.

La troisième indication, et la plus importante, c'est de faire l'incision de l'iris, autant qu'il sera possible, dans une direction perpendiculaire à celle des fibres à couper; alors seulement on pourra espérer que la plaie faite à l'iris ne se réunira pas, et qu'une simple fente se changera en une ouverture plus ou moins elliptique.

Voici maintenant les circonstances qui

rendant ces indications difficiles à remplir, ont fait regarder cette opération comme très-précaire.

La section de la cornée est facile; elle se fait comme dans l'opération de la cataracte; mais cette première incision étant toujours accompagnée de la sortie de l'humeur aqueuse, et l'iris s'appliquant contre la cornée, il devient alors très-difficile, ou presqu'impossible de conduire un bistouri entre ces deux membranes, et de le diriger à volonté. On ne peut employer aucun des moyens usités pour fixer le globe de l'œil, parce qu'exerçant tous sur lui une pression plus ou moins forte, ils pourroient déterminer la sortie de l'humeur vitrée. En prenant le crystallin et l'humeur vitrée pour point d'appui du tranchant de l'instrument, l'iris fuit devant le bistouri; au contraire, si après avoir traversé l'iris, on tourne le tranchant de l'instrument contre la face postérieure de cette membrane, en prenant la cornée pour point d'appui, ce qui est extrêmement difficile, ou l'on ne parvient pas à couper l'iris, ou l'on coupe la cornée en même temps. La seule manière de pouvoir manier facilement le bistouri sur l'iris, et de le couper nettement, seroit de faire préalablement à la cornée une fort grande incision, aussi grande que

que pour la cataracte ; mais alors on s'expose à tous les accidens de l'opération de la cataracte, accidens qui ne dépendent presque jamais que de la non réunion de la plaie de la cornée ; cependant s'il n'existoit pas une méthode plus facile et qui promît un succès plus certain de faire une pupille artificielle, je préférerois cette méthode à toute autre; et c'est en l'adoptant, que Mr. Jurine a réussi à rendre la vue à un jeune homme qui en avoit été privé par l'explosion d'une mine.

Mais il est un autre procédé que je recommande de préférence, qui m'a très-bien réussi dans un grand nombre de cas, et que tout oculiste pourra, je pense, mettre en usage avec autant d'avantage que moi. Le voici :

Je commence par faire à la cornée, au côté externe, autant que faire se peut, qu'il y aît opacité à cette place ou non, une incision longue de six millimètres environ, et à deux millimètres de distance de la sclérotique ; cette incision doit avoir une courbure paralèlle à la circonférence de la cornée, et en général elle ne doit différer de celle qu'il faut faire pour l'opération de la cataracte, qu'en ce qu'elle doit être beaucoup plus petite. Je termine l'opération avec l'instrument que je vais décrire.

Ce sont des ciseaux à lames de quinze à

dix-huit millimètres de longueur, très-minces, recourbés sur le bord, et vers le bouton de manière à former un angle d'environ 140 degrés. La lame supérieure, c'est-à-dire, celle qui doit rester entre la cornée et l'iris, a une très-petite olive à sa pointe ; la lame inférieure, c'est-à-dire, celle qui doit traverser l'iris, et se trouver entre cette membrane et le crystallin, se termine par une pointe très-aigue, elle est tranchante dans toute sa longueur, en-dedans, et sur le dos, dans l'étendue de deux millimètres environ ; la lame piquante doit être un peu plus courte que la lame boutonnée. (Voy. *fig.* 14).

Voici la manière de s'en servir :

On introduit ces ciseaux de plat par l'ouverture de la cornée ; lorsque la pointe est parvenue vers l'endroit de l'iris où l'incision doit commencer, on les retourne de manière à ce que le plat devienne perpendiculaire à la cornée et à l'iris, on les ouvre légérement, et en même temps on les pousse assez pour que la lame pointue, qui touche l'iris, pénètre dans cette membrane de toute la longueur que doit avoir l'incision ; alors on referme rapidement les ciseaux et l'iris se trouve coupé. — Cette opération se fait plus promptement que les paroles ne peuvent en donner une idée, elle est extrêmement simple et en général facile à pratiquer. La petite incision de la cornée a cet avantage majeur, sur une incision plus grande, c'est que le mouvement des paupières ne peut pas séparer les lèvres de la plaie de la cornée et en empêcher la réunion ; circonstance fâcheuse que nous voyons trop souvent arriver après l'opération de la cataracte la mieux faite. Ici non-seulement cet accident ne peut pas avoir lieu à cause de la situation et de la petitesse de l'incision, mais encore on a l'avantage inappréciable de n'avoir besoin d'aucun appareil, et de laisser dès le premier moment l'œil tout-à-fait libre. Il suffit d'avoir l'attention de faire rester l'opéré dans une chambre très-peu éclairée pendant trois ou quatre jours ; on pourra espérer qu'au bout de ce temps il sera parfaitement guéri, qu'il supportera assez facilement la lumière et que l'humeur aqueuse sera tout-à-fait régénérée.

Il est temps de terminer ce Mémoire par l'histoire de quelques aveugles auxquels j'ai rendu la vue au moyen du procédé dont je viens de donner la description ; non-seulement les faits serviront de pièces importantes pour juger ma méthode, mais de plus ils seront un complément nécessaire aux preuves que j'ai données de la muscularité de l'iris.

François Ninet, couvreur à Lausanne, âgé de trente-neuf ans, avoit dans sa jeunesse reçu au visage un coup de fusil chargé à poudre ; les deux yeux furent très-maltraités : le gauche, conserva à la vérité la faculté de voir, mais la pupille fut déchirée vers la partie supérieure et interne, et dès-lors son étendue a toujours été plus considérable et sa figure irrégulière ; le droit fut extrêmement malade, la cornée devint opaque précisément dans son milieu, et la pupille qui, si elle étoit restée entière, auroit été plus grande que la tache de la cornée, se resserra, et contracta, par son bord inférieur, des adhérences avec la partie postérieure de la cornée. On ne voyoit plus en regardant de haut en bas, qu'un petit trou noir irrégulier. Ninet ignoroit qu'il pût encore apercevoir les objetsavec l'œil droit. Il avoit pris son parti de cet accident, l'œil gauche lui suffisoit. Malheureusement, il y a quatre ou cinq ans, la vue de celui-ci commença à s'affoiblir et bientôt se perdit entiérement par l'opacité du crystallin (1) ; alors seule-

(1) Cette cataracte avoit ceci de remarquable que l'agrandissement de la pupille laissoit voir une partie de la circonférence du crystallin opaque ; on l'apercevoit comme un globe blanc se balançant dans son atmos-

ment Ninet s'aperçut que l'œil droit pouvoit encore lui donner une foible idée des corps éclairés; en baissant la tête et la tournant de côté, il apercevoit un objet placé très-près de lui; mais quand il vouloit y porter la main il le manquoit presque toujours. Ce reste de vue ne lui servoit ni pour se conduire, ni pour les usages ordinaires de la vie. Mr. le Dr. Scholl m'envoya ce malade à Genève le 6 juillet 1802; je l'opérai deux jours après son arrivée. L'ayant fait coucher et m'étant placé derrière sa tête, je fis de la main droite l'incision de la cornée du côté de l'angle externe de l'œil, puis j'introduisis mes ciseaux dans cette incision; parvenu vers le reste de la pupille dont j'ai parlé, j'y fis pénétrer la branche pointue et je coupai d'un seul coup l'anneau pupillaire et l'anneau ciliaire, jusqu'à deux millimètres environ de la circonférence externe de l'iris. Ce coup de ciseaux ne fit qu'une simple fente, qui divisa perpendiculairement les fibres de l'anneau pupillaire, et sépara presque parallélement celles de l'anneau ciliaire. Je retirai mes ciseaux, et je fus fort étonné de voir

phère : cette échancrure de l'iris ne servoit pas à la vue parce que les procès ciliaires qui étoient intacts interceptoient les rayons lumineux.

la fente que je venois de faire, à peine indiquée par une petite ligne noire qui traçoit pour ainsi dire un rayon de l'iris. Je reportai mon instrument dans l'œil, et de la même manière je coupai l'iris dans la direction d'un rayon voisin du premier, qui formoit avec lui un triangle dont la base large de près de trois millimètres, atteignoit presque le bord externe de l'iris et dont le sommet étoit indiqué par le reste de pupille où les deux incisions avoient commencé. Aussitôt après cette seconde incision, et ce fut un très-joli phénomène à voir, le lambeau compris entre les deux branches de l'angle, disparut, se roulant ou ayant l'air de se rouler sur lui-même comme un store de voiture, son sommet s'élargit, et Ninet eut une pupille formant au lieu d'un triangle un parallélogramme régulier (voy. *fig.* 7). Cet homme ayant reçu, au troisième jour de l'opération, la visite d'un de ses amis, qui fuma dans sa chambre, eut à la suite de cette imprudence, une inflammation qui dura quelques jours, mais ne dérangea rien au succès de l'opération. Ninet retourna à pied à Lausanne le dix-huitième jour après son arrivée à Genève, distinguant fort bien les caractères ordinaires d'impression et ayant perdu sa première envie de se faire opérer l'œil gauche de la cataracte, parce qu'il trouvoit que la vue recouvrée de l'œil droit lui suffisoit pour reprendre sa profession.

Il me semble que le phénomène qui s'est passé dans cette opération, s'explique fort bien comme suit : Le bord de la très-petite pupille avoit des adhérences avec la membrane du crystallin ; ma première incision ne les détruisit point, et aucune contraction ne put avoir lieu ; la seconde incision rompit ces adhérences au moins d'un côté, le lambeau devenu libre se retira en haut par la contraction des fibres du muscle dilatateur, tandis que dans le bas les fibres coupées du sphincter s'éloignèrent, et formèrent, au lieu du sommet d'un triangle qui étoit dessiné par les deux incisions, un des petit côtés du parallélogramme. J'ai montré François Ninet à notre Société de médecine ; il y a été vu par MM. Vieusseux, Odier, Jurine, Veillard, Coindet, De La Rive, et le Dr. Home d'Edimbourg : j'ai fait l'opération aidé de mon frère et de Mr. le Dr. Charles Peschier, alors mon élève. Ninet est maintenant à Lausanne, jouissant d'une bonne santé et voyant bien.

Il est presque inutile de donner l'histoire détaillée d'une autre opération de pupille faite à l'œil gauche de Mad. Renner des

Bienne, âgée de soixante ans. Je dirai seulement, qu'après une forte inflammation, suite d'une opération de cataracte qu'avoit subie cette dame, la pupille s'étoit oblitérée, et la cornée obscurcie dans une grande étendue, sur-tout du côté externe: je l'opérai en suivant le procédé décrit: des mouvemens violens et involontaires de l'œil pendant l'opération la rendirent difficile: d'où il est résulté que la pupille a eu une forme très-irrégulière, ce qui n'a pas empêché Mad. Renner, de guérir très-vîte, de manière à pouvoir lire et écrire. Elle a été vue chez moi, dans une séance de notre Société de physique et d'histoire naturelle, le jour où je lus ce Mémoire: entr'autres étrangers illustres qui y assistoient, s'y trouvoit Mr. le comte de Rumford (1). J'ai négligé de prendre un dessein de cette pupille.

Ici se terminoit mon second Mémoire, que Mr. le Prof. Pictet eut encore la bonté de lire à l'Institut. Cette lecture donna lieu au rapport suivant.

---

(1) Quelques années après j'ai opéré de la cataracte l'œil gauche de Mad Renner, et huit jours après, elle pouvoit lire avec un verre convexe, dans une édition *in*-12. stéréotype.

Institut National.

Classe des sciences physiques et mathématiques.

Extrait des registres de la Classe. Séance du 16 pluviose an 12.

Un membre, au nom d'une Commission, lit le rapport suivant :

Nous avons été chargés, le cit. Cuvier et moi, de rendre compte à la Classe d'un Mémoire du cit. Maunoir, sur l'organisation de l'iris et sur l'opération d'une prunelle artificielle ; déjà le cit. Maunoir en avoit présenté un sur le même sujet, qui fut soumis à l'examen de l'un de nous ; il fut dit dans le rapport de ce premier Mémoire, que les observations relatives à la disposition des fibres radiées et circulaires de l'iris, n'étoient pas assez constatées, et que l'histoire d'une prunelle artificielle établie avec succès méritoit d'être conservée. Ce jugement adopté par la Classe a déterminé le cit. Maunoir à de nouvelles recherches et à de nouvelles tentatives. Les premières ont eu pour objet ce qu'il avoit avancé sur la disposition des fibres musculaires de l'iris ; il a cherché à s'assurer de l'existence de ces fibres, dans les yeux des mammifères qu'il a eus sous la main, et il les a toujours trouvées telles qu'il les avoit décrites, c'est-à-dire, formant deux sortes de plans, l'un plus large, fait de fibres radiées, l'autre moins large, composé de fibres circulaires qui bordent l'ouverture de l'iris. Ces fibres ne lui ont pas paru aussi distinctes dans les oiseaux qu'il a examinés. Cependant les yeux d'un cigne, et ceux d'un grand duc, qu'il a eu l'occasion de disséquer, lui ont offert des fibres circulaires qui occupoient toute la face postérieure de l'iris et des fibres radiées qui venoient s'y rendre de tous les points voisins de la choroïde, de sorte que les uns et les autres occupoient une plus grande étendue que chez les mammifères, ce qui répond assez bien, suivant le cit. Maunoir, au besoin que ces animaux ont, de voir de loin, et d'accommoder leurs yeux à la distance différente des objets. Les yeux des poissons n'ont pû jusqu'à présent être l'objet de ses recherches. La Classe concevra que nous n'avons pû vérifier toutes les observations du cit. Maunoir; elles répondent à celles qui ont été faites par des anatomistes distingués, qui ont aussi cru voir des fibres radiées et des fibres circulaires, dans l'épaisseur de l'iris, et qui se sont servis de cette organisation, pour rendre raison de l'excessive mobilité de cette partie, mais aussi elles sont contredites par des personnes du plus grand mérite, qui par des expériences fort délicates, se sont assurées que l'iris ne jouit pas de l'espèce d'irritabilité qui est commune à toutes les parties musculeuses, et qui pensent, en conséquence, que les prétendues fibres de l'iris ne sont que des rides ou des plis.

Le cit. Maunoir n'a entrepris de s'assurer de l'existence des fibres de l'iris, qu'afin de déterminer d'une manière précise comment on doit procéder pour l'établissement d'une prunelle artificielle. Si celles qui sont radiées en occupent la plus grande étendue, il est manifeste qu'en les coupant dans une direction qui leur soit perpendiculaire, les bords de la plaie doivent s'écarter l'un de l'autre et qu'ils ne peuvent plus se rapprocher. C'est en effet ce qu'il a obtenu en faisant à l'iris une incision transversale à quelque distance de sa partie moyenne et de son bord supérieur. Il avoit procédé dans l'opération, consignée dans son premier Mémoire, d'une manière qui n'avoit pas été bien entendue par celui de nous qui en a fait le rapport à la Classe. Le cit. Maunoir relève le défaut d'exactitude dans lequel on est tombé à cet égard, avec tous les égards qui conviennent entre des personnes bien intentionnées. Depuis, il a fait sur cette opération des réflexions qui l'ont conduit à un procédé tout-à-fait différent, et qui paroît être beaucoup plus avantageux. Après avoir fait coucher le malade, et lui avoir fait écarter les paupières, il incise la cornée du côté de l'angle externe de l'œil avec un des instrumens ordinaires dans l'opération de la cataracte, à deux millimètres de la sclérotique et dans une étendue de six millimètres. Des ciseaux très-minces courbés suivant leur longueur, dont les lames n'ont que quinze à dix-huit millimètres, et dont l'une est fort aigue, et l'autre terminée par un bouton en forme d'olive, sont introduits à plat dans cette ouverture. Lorsqu'ils sont parvenus entre la face antérieure de l'iris et la face voisine de la cornée, on les retourne de manière que leurs lames deviennent perpendiculaires à la cornée et à l'iris, et ces lames écartées, celle qui est pointue traverse l'épaisseur de cette dernière membrane à laquelle on fait une ouverture telle qu'on se l'étoit proposée.

C'est ainsi que le cit. Maunoir a procédé sur un sujet auquel il n'est survenu aucun accident et qui a recouvré la vue qu'il avoit perdue depuis long-temps. Cette manière d'opérer, entiérement différente de celle que le cit. Maunoir avoit employée avant, nous paroît remplir le but de l'art aussi bien qu'il soit possible de le faire. Nous jugeons que son Mémoire contient des observations assez multipliées et assez délicates, pour mériter l'approbation de la Classe et d'être imprimé dans la collection des Mémoires présentés par les savans étrangers.

Fait à l'Institut National le 16 pluviose an 12.

(*Signé*) CUVIER et SABATIER, Rapporteurs.

La Classe approuve le rapport et en adopte les conclusions.

Certifié conforme à l'original, à Paris le 25 pluviose an 12.

En témoignant ici ma reconnoissance aux illustres auteurs du rapport qu'on vient de lire, je crois convenable de relever deux erreurs importantes que j'y trouve, dont j'accuse uniquement l'obscurité qui règne dans le style de mon Mémoire.

1°. J'observe que je n'ai pas trouvé de fibres circulaires, *seulement dans la face postérieure* de l'iris du cigne et du grand duc ainsi que le dit le rapport, mais bien *dans les deux faces et sur toute l'étendue* de cette membrane : l'iris de ces oiseaux m'a paru composé uniquement de fibres circulaires, et ne présentant nulle part la moindre trace d'aucune autre espèce de fibres.

2°. Les illustres rapporteurs se sont trompés, quand ils ont cru que *depuis ma première opération de pupille artificielle, j'avois fait des réflexions, qui m'avoient conduit à un procédé tout-à-fait différent*; la cause de leur erreur est que dans le premier Mémoire, je n'entre pas dans des détails suffisans du procédé employé pour Cemoreau; et que dans le second, je décris très-minutieusement l'opération pratiquée sur l'œil de Ninet. Mais dans l'un et l'autre cas, les instrumens et leur marche ont été exactement les mêmes; seulement l'incision, ou les incisions, ont été différentes à raison de la différence des yeux des deux malades; mais leur résultat a été, ou tout-à-fait, ou à-peu-près ce qu'on auroit pû annoncer *a priori* d'après la théorie fondée sur l'organisation musculaire de l'iris.

Les observations qui suivent ont été faites depuis la publication en anglais de ces Mémoires; je crois fort utile de les joindre ici.

La femme Yètre, de Bursins près de Rolles, au bord du lac de Genève, âgée de cinquante-huit ans, étoit depuis quelques années affligée d'une cataracte aux deux yeux. Un oculiste ambulant opéra le gauche par extraction. L'opération fut bien faite, le traitement subséquent très-mal dirigé; il survint à l'œil opéré une violente inflammation, dont le résultat fut le resserrement de la pupille, de manière que l'ouverture irrégulière et très-petite qui en restoit, étoit obscurcie par un lambeau de la capsule du crystallin devenue opaque. On voyoit cependant encore dans cette pupille un point noir d'environ un demi millimètre de diamètre au moyen duquel elle entrevoyoit les objets d'une manière extrêmement confuse ; elle ne pouvoit se conduire. Du reste cette femme d'une constitution éminemment phlegmatique, fatiguée d'un énorme goître, avoit eu depuis l'opération, les paupières constamment malades et dans un état de psorophtalmie que rien jusqu'alors n'avoit pu guérir. Avant de faire l'opération dont je vais parler, je lui plaçai un large séton à la nuque, je la purgeai plusieurs fois, et je mis ses paupières dans un état supportable par l'usage d'une pommade préparée avec l'opium, le camphre, l'oxide rouge de mercure, et le beurre frais.

Je l'opérai le dimanche 21 septembre 1806 devant Mr. le Prof. Jurine et mon frère, de la manière suivante :

Après avoir placé la malade dans son lit (1),

---

(1) La position horizontale du lit me paroît préférable à toute autre dans toutes les opérations des yeux où il faut couper la cornée. Outre que dans cette position l'humeur aqueuse s'écoule et moins promptement et moins

les paupières tenues écartées, je fis avec le bistouri de Wenzel une incision à la cornée, précisément à la place où je l'aurois faite pour l'opération de la cataracte, et de la même forme, seulement elle étoit au moins d'un tiers plus petite. Puis j'introduisis par cette ouverture les ciseaux que j'ai décrits; conduisant ensuite par la petite pupille, leur branche pointue derrière l'iris, et laissant la branche boutonnée entre cette membrane et la cornée, je rapprochai ces deux lames, et coupai ainsi l'iris de manière que cette section en dessina un rayon. Il y eut à l'instant même assez de contraction du sphincter vers l'origine de cette incision pour augmenter beaucoup l'étendue de la pupille, qui alors étoit triangulaire. Cependant je ne la crus pas suffisamment grande et je donnai à l'iris un second coup de ciseaux semblable au premier; nous eumes au moment même le plaisir de voir une pupille en forme de parallélogramme, parfaitement noire, avec laquelle la malade distingua nettement les objets qui l'environnoient; depuis que je lui ai donné un verre à cataracte, elle lit les gros caractères, et de sa fenêtre à un troisième

complétement, on a le grand avantage de n'être pas obligé de faire faire des mouvemens au malade pour le mettre au lit après l'opération.

me étage, elle compte les pierres dans la rue. Elle trouve qu'elle voit assez bien pour ne pas se soucier que j'opère l'œil droit de la cataracte, prétendant que ce seroit une affaire de luxe.

La manière dont cette pupille a été faite et la forme qu'elle a affectée, me paroissent tout-à-fait confirmer la théorie de l'organisation de l'iris. D'ailleurs cette observation a le plus grand rapport avec celle de François Ninet; la seule différence, c'est que chez celui-ci l'iris avoit contracté des adhérences qui n'existoient pas chez la femme Yètre ; aussi la première incision chez cette malade a été suivie de l'écartement des fibres du sphincter, et on a eu une pupille triangulaire; ce n'est qu'après la seconde incision qui a formé un lambeau, que ce lambeau s'est retiré vers la grande circonférence de l'iris par l'action de son muscle dilatateur, et la pupille alors a eu la forme d'un parallélogramme.

La *Fig.* 8 montre l'œil tel qu'il étoit avant l'opération, la *Fig.* 9 indique la trace des deux incisions, et la *Fig.* 10 donne une idée assez exacte de la forme que la pupille a eue d'abord après la seconde incision, forme qu'elle conserveencore actuellement (1).

(1) J'ai eu depuis à traiter deux cas parfaitement

Margot de Ste. Croix, Canton de Vaud, âgé de quarante-cinq ans, après une opération de cataracte par extraction faite à l'œil gauche par un oculiste ambulant, eut l'œil opéré, frappé d'une violente inflammation; après laquelle la cornée resta couverte d'un *albugo* qui occupoit au moins les deux tiers de son étendue; la pupille avoit entiérement disparu; d'ailleurs l'œil droit étoit perdu depuis l'enfance du malade; il vint dans cet état de cécité à Genève, et je l'opérai le 17 mai 1806, en incisant la cornée dans la partie supérieure, puis au moyen d'une seule incision transversale, faite à la partie supérieure du muscle rayonnant, j'obtins une double pupille telle qu'on l'observe dans la *Fig.* 11; l'isthme qui sépare ces deux pupilles est dû à ce qu'une partie des ciseaux n'étoit pas assez tranchante, et n'a pas coupé du tout; je n'ai pas voulu hasarder une se-

---

semblables à celui de la femme Yètre, j'ai rétabli la véritable pupille, en introduisant une aiguille à abaissement dans la chambre antérieure, et delà dans la postérieure, par la petite ouverture qui restoit, et en dilatant ensuite la pupille avec le plat de l'extrémité de l'aiguille: ce procédé fort simple ne peut avoir lieu que lorsqu'il reste une très-petite pupille, et que la cornée a toute sa transparence.

conde incision pour ne pas irriter un œil extrêmement délicat et mauvais. Margot a recouvré assez de vue pour distinguer les formes des corps et se conduire seul. Du reste, il ne voit pas les objets doubles.

J'ai éprouvé le même inconvénient avec Jaques Blanc, d'Evian, âgé de trente-neuf ans. C'est-à-dire que les mêmes ciseaux n'ont pas coupé dans le milieu de l'espace qu'ils ont parcouru, et ainsi que chez Margot il est resté une languette d'iris qui sépare deux très-petites pupilles, comme on peut le voir dans la *Fig.* 12. Cet homme qui fait actuellement le métier de pêcheur à Evian, et de temps en temps vient me voir à Genève, avoit perdu la vue en Egypte à la suite d'une attaque de la fameuse ophtalmie si fréquente dans ce pays-là; il étoit soldat dans le régiment de Watteville, et il est revenu en Europe complétement aveugle. La cornée de l'œil droit conservoit dans sa partie inférieure presqu'autant de transparence que celle du gauche; j'ai ouvert une pupille artificielle, qui a été très-noire, ainsi qu'on le voit dans la *Fig.* 13; mais elle n'a pas servi à rendre la vue à cet œil, soit à cause du peu de transparence de la cornée, soit parce que les procès ciliaires n'ont très-probablement pas été divisés dans l'opération. La cornée de l'œil gauche conservoit une plus belle transparence dans sa partie inférieure. Je ne décrirai pas l'opération que j'ai pratiquée à l'œil de Blanc, on la connoît déjà, j'ajouterai seulement que j'introduisis la lame pointue assez profondément pour que l'incision divisât les procès ciliaires (1), sans quoi il est très-probable que les deux pupilles de Blanc lui auroient été inutiles puisqu'elles se trouvent, non devant le crystallin, mais devant la partie inférieure des procès ciliaires. Blanc n'a jamais pu lire, mais il voit sur ma montre la marche de l'aiguille à secondes.

Martin, âgé de quarante-quatre ans, autrefois cordonnier, maintenant coupeur de bois, se tournant, en 1786, vers un ouvrier qui travailloit derrière lui, fut frappé à l'œil droit par un fragment de verre plat, que cet homme vouloit jeter par la fenêtre; cette blessure fut suivie d'une cataracte. Douze ans après, en 1798, assistant dans un cabaret à une dispute de buveurs, il reçoit dans l'œil gauche, un morceau de verre à boire qui coupe la cornée et blesse l'iris; bientôt il survient une violente inflammation, qui se termine

(1) J'ai de fortes raisons de penser que les procès ciliaires, et même la choroïde, sont comme l'iris de nature purement musculaire.

par l'oblitération à-peu-près totale de la pupille, et l'adhérence de l'iris à la partie moyenne de la cornée où étoit la cicatrice. Martin vient réclamer mes secours. Je lui laisse le choix d'une pupille artificielle, ou de l'opération de la cataracte : il préféra de recouvrer l'œil le plus anciennement perdu, et je l'opérai avec succès, l'histoire de cette singulière opération de cataracte trouvera sa place dans un autre Mémoire. Martin guéri, se fit coupeur de bois. Dernièrement, c'est-à-dire, au commencement d'octobre 1811, Martin chargé de bois tombe du haut d'une rampe d'escaliers ; il est rapporté chez lui dans une civière, ayant la poitrine extrêmement meurtrie. Bientôt je le trouvai assez bien pour lui proposer de profiter de ce temps de réclusion forcée pour recouvrer l'œil gauche. Il accepta avec joie ma proposition, et le 25 novembre 1811, je l'opérai devant mon frère, et Mr. le Dr. Mayor de Vevay, établi maintenant à Genève ; je fis l'incision de la cornée comme pour la cataracte, mais plus petite ; il étoit inutile de compliquer l'opération par la destruction de l'adhérence de la cornée à l'iris ; la cicatrice de la cornée étoit soudée à l'iris et soulevoit cette membrane dans une direction presque transversale, de manière à occuper à-peu-près son diamètre ;

je plongeai la pointe de mes ciseaux à environ une ligne du bord inférieur de l'iris, et l'incision que je fis à cette membrane décrivit à-peu-près son rayon vertical inférieur, le muscle orbiculaire fut divisé; c'est dans la partie de cette incision qui a atteint ce muscle que la dilatation est la plus forte, et la pupille plus grande; là où cette incision correspond au muscle dilatateur, et divise parallélement ses fibres, il y a dilatation, soit, parce que le muscle orbiculaire a exercé son action sur cet endroit de l'incision, soit parce que la grande adhérence de l'iris à la cornée, avoit singuliérement tendu l'iris dans sa moitié inférieure. C'est pour cette dernière raison que la pupille obtenue n'est pas parfaitement réguliére. Elle affecte la forme d'un triangle dont le sommet est en bas, et la base en haut. Martin voit mieux de l'œil gauche parce que le droit est privé de crystallin, et que le dernier opéré en a conservé un, qui est tout-à-fait transparent.

Il est inutile de rapporter l'histoire d'un plus grand nombre d'opérations de pupilles artificielles, elle n'ajouteroit rien aux preuves que j'ai données pour établir ma théorie, et ne seroit guère qu'une répétition fastidieuse de celles qu'on vient de lire.

Mais comme il importe de ne rien négliger de ce qui peut mettre absolument hors de doute la muscularité de l'iris, je rapporterai encore ici une expérience qui me paroît décisive, si, comme on a lieu de le supposer, l'action de la pile de Volta appliquée aux animaux, ne détermine des mouvemens que sur des organes décidément musculaires. Il y a quelques années qu'on m'apporta la tête d'un homme qu'on venoit de décapiter, il s'étoit écoulé peu d'instans depuis le moment de l'exécution : Les pupilles étoient autant dilatées qu'elles peuvent l'être après la mort. J'introduisis un conducteur métallique dans la moëlle allongée de cette tête, et dans le globe de l'œil, une aiguille que j'appliquai, horizontalement sur la face postérieure de l'iris ; puis je fis communiquer ces deux conducteurs avec une pile de Volta en action, composée de soixante et quelques plaques doubles, cuivre et zinc, de trois pouces de diamètre ; à l'instant même où cette communication eut lieu, la pupille se contracta comme auroit fait celle d'un homme vivant, et bien portant qui, sortant des ténèbres seroit exposé tout-à-coup à une vive lumière. Il est impossible d'expliquer ce phénomène en disant que le stimulant galvanique a déterminé dans les corps caverneux de l'iris, l'abord du sang ou de tout autre fluide, puisque cette tête en étoit privée, autant que possible, par l'énorme hémorragie, qui est la suite nécessaire de la décapitation. Il reste maintenant à savoir si le fluide galvanique peut déterminer un mouvement pareil dans un organe qui ne seroit pas musculaire et dont l'action dépendroit d'une force jusqu'à présent absolument inconnue. Il est tout-à-fait inutile de supposer l'existence de cette force pour expliquer aucun des phénomènes de l'économie animale.

Je ne saurois mieux finir qu'en donnant un extrait du savant Mémoire de Mr. Assalini sur les pupilles artificielles ; j'espère que cet illustre chirurgien me pardonnera les réflexions que m'a suggeré la lecture de son ouvrage.

Dans l'introduction Mr. Assalini reconnoît huit affections de l'œil, pour lesquelles on peut ou l'on doit faire une pupille artificielle.

1.° L'adhérence d'une partie de l'iris, à quelque point de la cornée transparente, compliquée d'un retrécissement de la pupille, tel que ses fonctions aient cessé.

2.° L'opacité du crystallin avec adhérence

de sa capsule aux bords pupillaires de l'iris.

3.° Une pseudomembrane qui resserre ou ferme la pupille.

4.° Une cataracte laiteuse et capsulaire adhérente à l'iris.

5.° L'oblitération totale de la pupille.

6.° La capsule crystalline devenue opaque après l'extraction ou la dépression de la cataracte, avec adhérence à l'iris.

7.° Une cicatrice qui rend la cornée transparente opaque dans la plus grande partie de son étendue.

8.° L'opacité du centre de la cornée qui couvre le champ de la pupille.

Dans le premier chapitre l'auteur décrit les différentes méthodes d'opérer depuis Chéselden, qui probablement a fait la première pupille artificielle ; dans l'énumération qu'il en donne, il parle de la mienne ; mais il est facile de voir qu'il ne la connoissoit que par ouï dire, ou plutôt qu'il ne la connoissoit pas du tout. — Voici ce qu'il dit de sa méthode à lui.

S'étant aperçu qu'on pouvoit détacher l'iris de ses adhérences au ligament ciliaire sans le déchirer, il inventa un instrument propre à exécuter ce détachement. C'est le petit couteau de Chéselden, émoussé à sa pointe, auquel il a joint une branche très-déliée et très-pointue, qui s'adapte au couteau et fait une pince maintenue fermée par un ressort. Les pointes de ces deux branches sont dentées intérieurement, et se joignent si exactement, que lorsque l'iris est une fois pris, on peut le détacher du ligament ciliaire sans en déchirer le tissu. Mr. Assalini s'est servi de cet instrument pour la première fois en 1787.

La seconde partie du Mémoire contient des réflexions sur les méthodes de faire la pupille artificielle, proposées par les différens auteurs, mais nous les passons sous silence, par la même raison que nous avons supprimé l'énumération de ces diverses méthodes, nous proposant de faire connoître uniquement celle qui appartient à Mr. Assalini.

La troisième partie, qui est la plus importante, traite des différens procédés que l'auteur emploie selon les différences que présente la lesion de l'œil; qui exige, tantôt l'établissement d'une pupille artificielle, tantôt le rétablissement de celle qui existoit avant. Dans ma pratique, dit-il, je me suis servi de la plupart des instrumens inventés depuis Chéselden jusqu'à nos jours, et quand je me propose de faire une pupille artificielle, je les ai tous sous la main, quoiqu'ordinairement je ne me serve que du couteau à caratacte, de ma pincette et des ciseaux de Daviel ; avec ces trois instrumens, je puis 1.° Me faire un passage dans la chambre antérieure, détacher la partie de l'iris adhérente à la cornée, et rétablir la pupille naturelle.

2.° Couper l'iris ou faire la *corotomie* à la manière de Chéselden.

3.° Détacher une partie du grand bord de l'iris du ligament ciliaire ou faire la *corodialysie*.

4.° Amener dans la plaie de la cornée une portion d'iris, la couper et faire ainsi la *corectomie*.

5.° Détacher une partie de l'iris du ligament ciliaire, et si cette membrane cède outre mesure, comme cela arrive quelquefois, je puis la tirer vers la section de la cornée, en retrancher un petit lambeau, et faire ainsi la *corectodialysie*.

6.° Quelque complication de cataracte qu'il existe, je puis, après avoir fait la pupille artificielle, déprimer la cataracte ou l'extraire.

7.° Je puis également extraire ou déprimer avec ma pincette le cristallin et sa capsule encore transparente, et éviter ainsi le danger de voir l'opération de la pupille artificielle rendue inutile par l'opacité consécutive de ces deux parties.

8.° Enfin, après avoir détaché l'iris, je puis emporter et déplacer quelques-uns des procès ciliaires, qui sont situés immédiatement derrière l'iris, et vis-à-vis la nouvelle pupille, et ainsi rendre libre le passage de la lumière, jusques à la rétine, au travers de l'humeur vitrée, sans passer par le cristallin, ou dans l'espace qu'il occupe.

Nous trouvons, dans la quatrième partie de l'ouvrage de Mr. Alssalini, les détails de l'opération qu'il pratique dans tel ou tel cas, qui exige la formation d'une pupille. Lorsque je vois, dit-il, une adhérence de l'iris à un côté de la cornée transparente, avec tiraillement de tout le bord pupillaire, sans cependant qu'il y aît oblitération réelle de la pupille (ses bords, dans ce cas, sont rapprochés sans être unis) je fais avec le couteau à cataracte une petite incision dans la partie extérieure et inférieure de la cornée transparente non loin de la place de l'adhérence. Cette incision doit être assez grande pour le passage de la pincette, avec laquelle je fais ensorte de détacher l'iris de la cornée, souvent cette seule manœuvre suffit pour rétablir la pupille naturelle; mais si l'adhérence à la cornée est insurmontable, j'introduis par la plaie la pointe d'une paire de ciseaux très-minces et à pointes mousses, je coupe la partie de l'iris qui adhère à la cornée, et je fais ainsi une pupille artificielle. Dans ce cas et dans d'autres analogues, je puis aussi détacher immédiatement une portion du grand cercle de l'iris, du ligament ciliaire, et faire la corodialysie.

Y a-t-il complication d'une cataracte vraiment cristalline adhérente à l'iris, ou bien d'une pseudomembrane qui resserre le cercle de la pupille; ou encore la capsule cristalline devenue opaque à la suite de l'opération de la cataracte, a-t-elle contracté quelques légères adhérences avec le cercle pupillaire de l'iris, j'opère de la manière suivante : je coupe la cornée dans sa partie inférieure et externe, ensuite, comme pour l'extraction de la cataracte, je prends une aiguille longue, de quatre lignes, absolument plate et obtuse, je la porte dans la chambre antérieure et je tâche de faire passer la pointe de cet instrument, entre la cataracte et le bord pupillaire de l'iris, pour l'en détacher tout autour; cela fait, si la cataracte est cristalline et solide, j'en fais la dépression; si elle est capsulaire ou fausse, j'en fais l'extraction en saisissant ces membranes opaques avec ma pince, et les tirant au-dehors.

Lorsqu'une de ces cataractes se trouve adhérer au cercle pupillaire de l'iris, de façon qu'on ne puisse pas l'en détacher, je porte ma pincette jusqu'au centre de la cataracte ; la branche mobile ouverte, je la pousse jusques au bord de la cornée, un peu au-dessus de l'angle interne ; je laisse tomber la branche de la pincette, et l'iris se trouve pris sans qu'il puisse échapper et sans être trop tendu ; puis tirant l'instrument par gradation, vers la partie opposée de l'œil, on voit paroître un point noir au bout de la pointe de la pincette ; ce trou est la nouvelle pupille, qui se forme par le détachement de l'iris du ligament ciliaire ; conduisant ainsi la pointe de la pincette jusques à l'incision de la cornée, je coupe une partie de l'iris et je fais la corectodialysie.

Si la pupille est complétement fermée, que le cristallin soit transparent ou opaque, je fais une pupille artificielle, en faisant une incision à la cornée, comme pour l'opération de la cataracte. Puis je saisis avec ma pincette l'iris dans le centre, je l'amène à l'incision de la cornée, et j'en coupe un petit fragment avec les ciseaux de Daviel, alors, pour prévenir les effets de l'opacité du cristallin, j'en fais, suivant le cas, la dépression ou l'extraction.

Quand il y a cataracte capsulaire consécutive, je détache l'iris du ligament ciliaire, puis retirant la pointe de ma pincette, en même temps que la portion d'iris qui est prise dans ses branches, j'en fais la rescision avec les ciseaux de Daviel.

S'il y a un leucoma étendu sur la plus grande partie de la cornée transparente, qui cache presque tout l'iris ; il est indispensable d'emporter quelques-uns des procès ciliaires ; ainsi, après l'incision faite à la cornée, je porte ma pincette obliquement dans l'iris, je l'ouvre, et je saisis à la fois l'iris, l'uvée, et quelques procès ciliaires, qui se détachent de la choroïde, en même temps que l'iris se détache du ligament ciliaire ; toutes ces parties amenées près du bord de la cornée incisée, je les coupe et fais ainsi la corectodialysie.

Si malgré cela d'autres procès ciliaires se présentent devant cette nouvelle pupille, et interceptent la lumière, je renouvelle l'opération, j'en saisis de nouveau tout autant que je puis avec ma pincette, je les amène au-dehors et les coupe. Scarpa croit à la possibilité de pénétrer par la nouvelle pupille, jusques à l'humeur vitrée, avec des ciseaux très-minces, de comprendre dans leurs branches, le plus grand nombre possible de procès ciliaires, et de les couper transversalement. Il pense que ces petits vaisseaux, coupés ainsi et vides de sang, peuvent, en se contractant, laisser un espace suffisant au passage de la lumière, au travers du corps vitré jusques à la rétine.

Mr. Alssalini passe ensuite à quelques observations sur le détachement de l'iris; cette manœuvre l'a convaincu de l'extrême extensibilité de cette membrane, qui suit la pincette jusques à l'incision de la cornée avant que de se détacher du ligament ciliaire, autant qu'il le faut pour obtenir une pupille artificielle, et cela, quoiqu'on la saisisse au côté opposé à l'incision de la cornée et jusques dans son grand cercle. Le tissu et les mouvemens de l'iris expliquent cette singulière extensibilité.

Si on saisit l'iris dans l'intervalle des directions que suivent les quatre muscles droits de l'œil, il se détache plus facilement. On en conçoit aisément la raison.

L'auteur reconnoît l'importance de ménager les incisions de la cornée pour éviter la mortification de cette membrane, et consacre

cre un article à l'examen de ce point de physiologie, que j'ai développé plus amplement dans un Mémoire publié dans le bulletin des Sciences médicales de Paris 1810.

Enfin, Mr. Alssalini nie toute espèce de muscularité de l'iris. " L'iris, dit-il, est formé par un grand nombre de petits vaisseaux sanguins d'une ténuité extrême, qui vont en serpentant du grand cercle au cercle pupillaire; ils ressemblent à des flammes, comme on peut le voir dans mes préparations anatomiques, qui démontrent que le tissu de l'iris est entiérement vasculaire, sans qu'on puisse apercevoir aucun muscle dilatateur ou constricteur de la pupille. „

De toutes les méthodes de faire une pupille artificielle que rapporte Mr. Assalini, il n'y en a pas une seule qui soit le moins du monde fondée sur l'examen de la nature de l'iris. Dans toutes ces opérations nous voyons ou inciser l'iris au hasard et dans toutes sortes de directions, ou le plus souvent, le tirailler, le déchirer, ou le séparer de ses adhérences avec le ligament ciliaire, tantôt avec une aiguille, un crochet, une pince, qui servent à déchirer ses adhérences, tantôt avec le bistouri lui-même, qui ne peut jamais couper sans déchirement, puisque cette membrane n'offre ni résistance, ni point d'appui. En général dans toutes ces différentes manières d'opérer, on a le plus souvent une pupille dans le lieu le moins favorable, puisque n'étant formée que par la séparation de l'iris de ses adhérences au ligament ciliaire, la pupille se fait tout-à-fait au limbe de la cornée, place où cette membrane est souvent très-peu transparente, où l'iris correspond au procès ciliaires, et dans la partie la plus éloignée du centre de la rétine. Je conviens que dans beaucoup de cas on est forcé de se contenter de cette place, puisque trop souvent la cornée est opaque dans une grande étendue, et ne laisse de transparent qu'une petite partie de son limbe. Mais quand on peut choisir un lieu plus central, il est fâcheux de se fixer à la place la plus défavorable, je conviens encore que quand on ne se contente pas de détacher l'iris de ses adhérences; et que de plus on en emporte un segment, on remédie à ces inconvéniens. Au reste, on peut reprocher à toutes ces méthodes, le tiraillement, le déchirement, et par suite l'hémorragie; le sang qui remplit la chambre antérieure, empêche de savoir ce qu'on a obtenu de l'opération, et oblige, ou de faire des injections d'eau tiède dans l'intérieur du globe de l'œil, ou bien de se fier aux chances de la résorbtion du fluide épanché, et aux suites incertaines d'une opération dont on n'a vu ni le résultat ni la fin. Cet inconvénient de l'hémorragie est bien senti et exprimé dans cette phrase de Mr. Buzzi de Milan, cité dans l'ouvrage de Mr. Assalini, p. 19. « *Bisogna in questa operazione procedere con molta celerità altrimenti il sangue che scola dai vasi rotti dell'iride, riempie questa cavità ed impedisce di veder l'iride, e l'operazione puo rimanere imperfetta anzi inutile.* » — Ailleurs en parlant de cet inconvénient Mr. Assalini dit: « *Allorche la cavità dell'occhio resta ingombrata da sangue che si stravasi, il signior Forlenza ne facilita l'uscita con dell injezioni di acqua purissima appena tepida*, p. 22. — J'ai éprouvé une fois cet accident de l'hémorragie dans une opération de pupille et de cataracte faite simultanément, où j'ai cru devoir couper la cornée et l'iris du même coup de bistouri, la cataracte sorti par l'ouverture faite à l'iris, mais cette pupille resta obscurcie momentanément par le sang qui couloit des vaisseaux de l'iris. Je serois sans doute fort embarrassé de dire pourquoi on voit le plus souvent une hémorragie quand l'iris est tiraillé ou déchiré de quelque manière que ce soit, et pourquoi quand il est coupé net et sans éprouver d'ailleurs aucun dérangement, on ne voit ordinairement pas la plus petite goutte de sang: c'est un phénomène qui mérite d'être observé et médité, et qui prouve clairement, ce me semble, que l'iris n'est pas formé de vaisseaux sanguins comme le croit Mr. Assalini.

«Au reste les objections que je fais à toutes les méthodes employées jusqu'à présent pour l'opération de la pupille artificielle, sont fondée sur ce que j'ai découvert de la nature de l'iris, dont jusqu'à présent aucun occuliste s'étoit occupé comme il l'auroit fallu; je ne veux pas dire non plus qu'on ne réussis se souvent à atteindre fort bien le but qu'on se propose par les procédés décrits dans l'ouvrage analysé, mais je crois que j'offre pour y parvenir une route plus facile, plus courte et plus rationelle; je rends hommage au beau travail de Mr. Assalini, qui ne peut être que le fruit d'un grand nombre d'expériences et de profondes méditations, et en résultat final présenteroit sans doute une des meilleures méthodes de faire une pupille artificielle, si la connoissance de la direction des fibres musculaires de l'iris, ne nous conduisoit pas à un procédé plus simple et plus sûr, qui consiste à couper cette membrane par une incision perpendiculaire à ses fibres.

Explication des Figures.

Fig. 1. Fragment d'un Iris de bœuf vu au microscope.
a portion du muscle dilatateur ou rayonnant.
b portion du muscle constricteur ou orbiculaire.

Fig. 2. L'Iris du bœuf tout entier, *a*, *b*, *c*, montrent les formes qu'affectent les incisions faites perpendiculairement aux fibres du muscle rayonnant.

Fig. 3. Fragment d'un Iris de cheval.

Fig. 4. Iris de chat vu au microscope.

Fig. 5. Fragment de l'Iris et de la choroïde de l'œil d'un grand duc.

Fig. 6. Pupille artificielle de Cemoreau.

Fig. 7. Pupille artificielle de Ninet.

Fig. 8. Oeil non opéré de la femme Yètre. Fig. 9, trace des deux incisions faites à l'Iris de cet œil. Fig. 10. Pupille artificielle qui a été la conséquence de ces deux incisions.

Fig. 11. Pupille artificielle de Margot de Ste. Croix.

Fig. 12. Pupille artificielle de Blanc d'Evian, faite à l'œil gauche, et au moyen de laquelle il peut voir. Fig. 13. Pupille faite à l'œil droit du même homme, avec laquelle il ne voit pas, parce que les procès ciliaires ne sont pas coupés.

Fig. 14. Ciseaux dont je me sers pour faire l'opération. L'olive de la lame supérieure est beaucoup trop grosse dans cette figure.

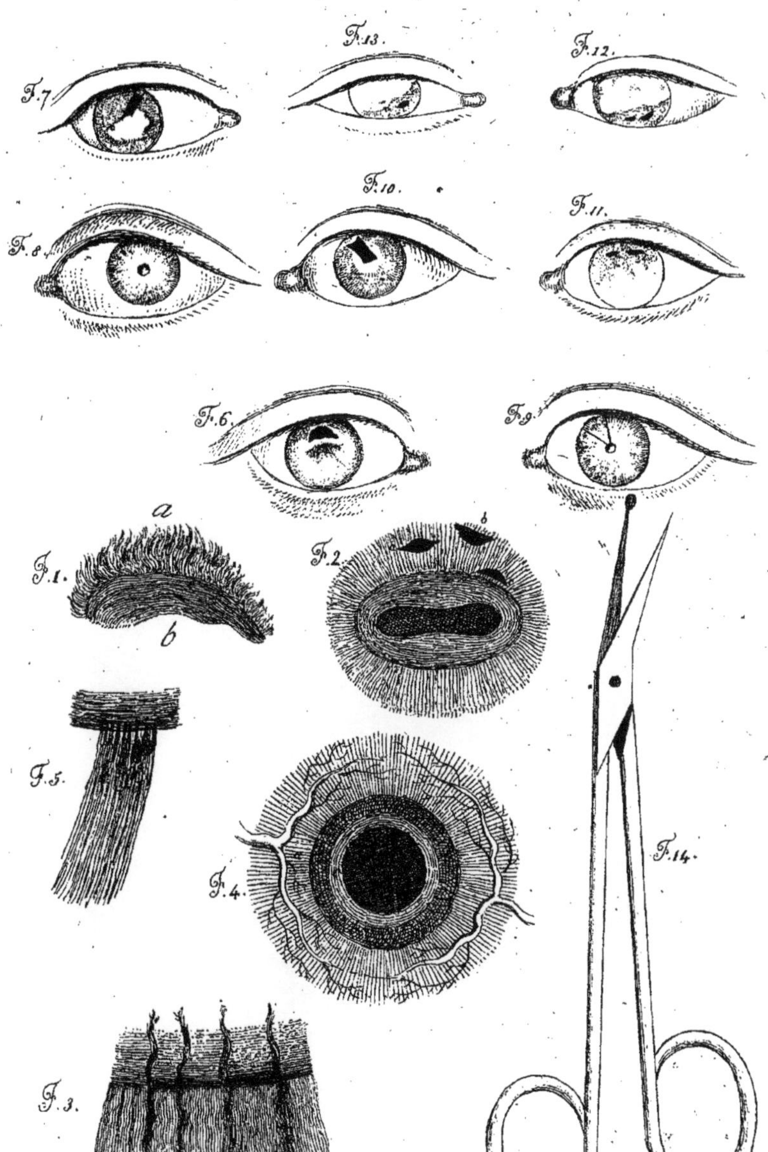
F.7
F.13
F.12
F.8
F.10
F.11
F.6
F.9
a
b
F.1
F.2
F.5
F.4
F.14
F.3

www.ingramcontent.com/pod-product-compliance
Ingram Content Group UK Ltd.
Pitfield, Milton Keynes, MK11 3LW, UK
UKHW020321220726
13923UKWH00003B/1290